달맞이꽃

심지시선 041

달맞이꽃

2018년 11월 30일 초판 1쇄 발행

지은이 정재옥
펴낸이 윤영진
편 집 함순례
디자인 한천규
펴낸곳 도서출판 심지
등록 제2003-000014호
주소 34570 대전광역시 동구 대전천북로 12
전화 042 635 9942
팩스 042 635 9941
전자우편 simji42@hanmail.net

ISBN 978-89-6627-162-7 03810

심지시선041

달맞이꽃

정재옥 시집

심지

□ 시인의 말

많은 날들을 시와 동거했다. 사랑을 받기도 했고 주기도 했으나 시는 호락호락하지 않았다. 채웠다 싶으면 비우라고 했고 나는 시의 말에 귀 기울이지 않고 게을러서 더 바쁘게 살았다. 하지만 사람과 자연 풍경은 생각의 문을 열어놓기만 하면 곳곳에서 말을 걸어왔다. 시가 텅 빈 나를 채워주는 순간들이었다.

시집을 엮으며 많이 성장했다. 아이에서 어른으로 펄쩍 뛰어오른 느낌이다. 자랑을 일삼는 부모님께 꺼리 하나를 안겨 드리는 것 같아 기쁘다. 담담하게 지켜주는 남편과 두 아들, 그리고 벗들과 지인들도 참 고맙다.

2018년 깊은 가을

정재옥

차례

제2부

제3부

제4부

제1부

비행기

날고 싶다

날아가서
멀어지고 싶다

날아가서
가까워지고 싶다

엄지의 기억

꿀물을 타다가
병 바깥으로 흘러내린 꿀방울
엄지로 쓰윽 닦는데
엄마 생각난다

찬바람 도는 가을에서 새봄까지
콧물 줄줄 달고 살던 오 남매
엄지 세워
닦아주던 엄마

싸우고 시험 못 쳐
두렵고 조마조마하던 마음도
엄지로
치켜주던 엄마

오늘은 내가
엄지 척하여
목화 닮은 엄마

환히 꽃피우고 싶다

쉰의 향기

친구 손목에는
덜 익은 살구가 들었나보다
걸핏하면
손목이 새구랍다 한다

친구 손목에는
너무 익은 자두도 들었나보다
툭하면 시큰거려
행주 짜기도 힘들다 한다

하필이면 쉰 살의 향
손목에 갇혔을까

술시戌時

네가 쥐어준 검정 봉지에
캔맥주 두 개 특대왕 쥐포
맥주를 마시며 시집을 편다
시는 술술 읽히고
술은 시시하다
캔이 소리 내며 바닥 뒹굴 때
남은 쥐포 고추장에 찍는다
술이 술술 맛있어지고
시가 시시해진다
술은 떨어지고
안주는 남아 곤혹스런 밤
외로움만 곁에 앉아 자장가를 부르는데
아직 술을 시작해도 되는 술시

경유지

당신 가야 할 곳
메마른 사막이라도
그곳은 경유지

당신 가야 할 곳
달콤한 행복이라 해도
그곳은 경유지

사막과 행복
우리 함께 동행하는
그곳은 경유지

안동댐 밤안개

노을 품다가
어둠 물고
잠든 안동댐

고개 돌려 바라보면
검게 풀어지는
그리움

물 위로 꿈틀거리는
긴 백사白巳의
고요한 발버둥

바다로

지뢰를 터트리러 갔다

금자는 돈이 웬수라 했고
유순이는 남편 성격이 웬수라 했다
연미는 사랑을 못 이긴다 했고
나는 그 모든 것이 웬수라 했다
우리는 파도가 뒷걸음치도록 웃었다

지뢰를 터트리기 전
횟감을 떠 나물에 돌돌 말아
소주를 마셨다
바다 안에는 똑같은 우리가 있었다
흔들리는 배
화난 파도
뿔 돋은 섬

돌아오는 길
해일인가 지뢰인가

바다가 뒤집어졌다

우리는

이상하게도 평화로워졌다

괜찮아

문경 사는 친구가
염색을 하다가
염색약이 모자랐다

마침 놀러왔던 옆집 아지매
괜찮다며 방법이 다 있단다
논에 비료 뿌리다가
그만 비료가 모자랐는데
빈 통 들고 남은 논 돌아다니며
괜찮아 괜찮아 하며
손으로 골고루 뿌렸단다
벼가 잘 자랐단다

친구는
빈 염색통에 손 넣고 휘이 저어
괜찮아 괜찮아 잘 될 거야
빈손으로 머리를 골고루 쓰다듬었다
정말 괜찮게 나왔다

보이는 부분은 이미 다 발랐으니까
두 사람 마주보며
괜찮아 괜찮아

달맞이꽃

낮에는
꼬집어도
눈 뜨지 않는 꽃

밤에는
깨물어도
눈 감지 않는 꽃

청진기 사랑

속 헤집고 들어가는
내시경 보다
콩닥콩닥
은은한 사랑
정맥과 동맥 정보
가슴이나 등
귀 바짝 붙이지 않고도
맘에 흐르는 소리
몽땅 듣는다

복사꽃불

비 내리는데
불이 난다

월전 검문소 지나 영덕 가는 길
산꼭대기에서 시작된 꽃불
논둑 밭둑 강으로 번져
다시 산으로

작은 것에 화가 나서
여행 중인데
화들짝 꽃잎 달려들어
불씨 옮겨 놓는다

꽃불 덴 가슴
빗물로 가라앉히며
엉거주춤
후진 기어 넣는다

비 내리는데
꽃불 난다

민낯

몸이 가까울 땐
마음을 멀리
맘이 가까울 땐
몸을 멀리

곁에 있어 그리울 땐
예의 있게 굴기
멀리 있어 그리울 땐
힘껏 들이대기

빈 수레

뒷집 팔순 할매
건강에 좋다는 이야기 듣고
양지바른 새들밭 쇠비름
손수레 가득 뜯어 싣고 오다가
길가에 냅다 쏟아 버렸다
에이 오래 살면 안 되지
큰일 나지
빈 수레 끌고 집으로 왔다

시인은

날마다 책은 안 읽어도
대놓고 말은 할 수 있어야 한다
글로라도 써야 한다

날마다 일기는 안 써도
밥은 꼭 먹어야 한다
술이라도 마실 수 있어야 한다

날마다 힘들고 어려워도
자존심은 있어야 한다
아니꼬워도 줏대는 지킬 수 있어야 한다

날마다 들어오는 돈이 적어도
배포는 커야 한다
배알이라도 뒤집힐 수 있어야 한다

날마다 참된 시를 못 써도
정의로워야 한다

세계지도만큼 의로움이 있어야 한다

시인은
사람이 되었다는 소리 듣고
사람으로 살아야 하기 때문이다

제2부

틀 속에는 문이 있다

중앙선 없는 비포장 길 가장자리에 두 다리 뻗고 앉아 민들레 한 주먹 쥐고 불어본다 힘껏 날아오른다 씨앗 떨구려 해도 마냥 날아오를 뿐 아픔의 열매들 쉬이 떨어지지 않는다 후우후우 노란 물들인 머리 하얗게 세도록 떠다니지만 기다림만 깊어질 뿐 동동 떠가기만 하여 외로운 시작, 그때 몸살 난 마음 한 구석 틀이 생겼다 구속이기는 해도 가둘 수도 갇힐 수도 있는 즐거운 문틀

가을 시래기

친정어머니가
보내온 가을
뚝 잘라 삶는다

금빛 뿜으며 익어가는 시래기
엄마 향내 가을 이야기
집안 구석구석 나르고 있다

물컹하게 마음 던진 시래기
감자탕과 가족 되려고
단장하는 중이다

고등학교 3학년 유학중인 아들
주말이라 집에 오며 주문한
시래기 감자탕

어머니 사랑 아들 사랑
시래기 한 타래에 실려

구수하게 익는다

쪽지

짭조름하고 달콤한 파김치 맛이
희한하네요

몇 분 걸리지 않는 거리지만
바쁘다는 핑계로 며칠 벼르다
오늘에야 왔습니다
댓돌에 신발이 없어 어디 가셨나
대문을 들어서는데
종가 아지매를 만났어요
사흘돌이로 삭신이 쑤셔
읍내 병원 다니니 말 안 들어
안동 다녀오는 길이라 하시대요
자네 시 어멈 진보 갔을 거다 하시기에
건강 빨리 챙기시라고 했어요

냉장고에 곰국 놓고 갑니다
자주 못 와서 죄송해요
말씀하시던 파김치 청양고추김치 상추 무 가져갑니다

참 국화도 꺾어가니 걱정 마서요
파김치가 너무 맛있어
밥 한 그릇 뚝딱 했어요
하얀 파 머리 잡아 고개 젖혀 먹고
손가락 쪽쪽거리니 꿀맛이었어요
어머님 계셨으면
얘야 한 그릇 더 먹어라 하셨을 텐데

저 갑니다 애비 준일이 준진이 잘 있어요
반찬 맛있게 먹을 게요
그리고 저녁에 전화할게요
어머님 사랑해요
사랑해요

열매

눈을 뜨면 문구멍으로
주먹밥만 한 햇살 덩어리
단잠을 비집고 들어와 앉고

어머니
윤기 흐르는 참사랑으로
나를 누이셨지요

새벽부터 엄마는
안동댁 모내기 품앗이 가고
전기밥솥에선
엄마 속마음같이
보글보글 끓던 정이 뜸 들고

어머니
당신 자식
거친 삶 살지 않게 하려고
객지로 내보낸 세월이

어언 십여 년

배추 두어 포기 옆구리에 끼고
황혼이 잠에서 깨어날 무렵
당신이 골목에 들어오십니다

이제
당신의 첫째 알맞게 여물어
가을 들판보다 누르게 여물어
거친 삶에도 다치지 않을
속 빛 고운 열매로 익었습니다

의료원 가는 사람들

장날, 청송읍 금곡리 간이 정류장
시내버스 한 대 멈춘다
사지육신 저리고 아프다는 어르신
절룩거리며 인도에 발 디디면
지팡이도 따라 내린다
주사 한 대 맞고 물리치료 받으면
즐겁고 가볍게 읍내 한 바퀴 돌아
집으로 가는 버스에 오른다

통증은 한 장을 족히 견딘다

가랑비 가랑가랑 내리는 날엔
장날이 따로 없고
비 내리면 그저 장날이다
버스가 멈출 때마다
무더기로 내린 어르신
걸음마 배우는 아이처럼
발걸음 천천히

의료원으로 향한다

품위 있는 그녀

— 친구 어머니 장례식장에서

팔 남매 키우며
큰소리 한번 내지 않았다는 그녀
존중 받고 사랑하며
꽃에게 말 걸었다는 그녀
체면을 중히 여기느라
자기 삶은 뒷전이었다는 그녀
품위 있던 그녀가
몸을 제대로 못 가눈 지 몇 달
덜컥 기저귀를 차더니
결국엔 눈 뜨기도 싫어했다는데
가는 길 배웅 온 사람들
울고불고 야단법석
그녀 이야기로 밤 새워도
끝내 나타나지 않고
사진 속에서만 웃고 있는
품위 있는 그녀

당리 장날

장날에만 문 여는
농협 당리 출장소에
대구 사는 손자 생일이라
케이크 값이라도 보내줘야 한다며
문 열자마자 들어서는 아지매 있다
어제 저녁부터 이유 없이 머리 아파
이마에 파스 붙이고 잤다며
그 파스 그대로 붙인 채
바람 센 당리재 넘어오면서도
쑥부쟁이꽃 한아름 들고 온 아지매 있다
정여사 좋아하는 보라색이라
꼭 안겨주고 싶었다는 아지매
그 이마 파스 떼어
내 가슴에 붙이고 싶은 당리 장날

김옥금 할머니

상평 사거리에서 만나기로 했는데 보이지 않는다 전화 받고 헐레벌떡 나오다가 넘어지는 바람에 지난 장날 새로 산 몸빼 구멍이 났고 무릎은 까져 피까지 났다 공부하는 경로당에 내려 다른 어른들께 무릎 보여주며 한 말이다 반장 어르신이 구급함 꺼내어 소독을 한다 나는 내 아이 까진 무릎도 무서워서 잘 못 보지만 소독하고 가제 덮인 상처에 반창고를 뚝 잘라 붙여 드린다

ㄷ을 공부하고 ㄹ이 들어간 글자 알아보고 받아쓰기 열 문제 했는데 모두 백점이다 중간 중간 보여줘서 맞은 백점이다 열두 시, 오늘 여기까지만 한다고 하는데 공부를 계속하고 싶은 눈치다 오늘 생일이라 점심 약속 있어 가야 한다고 하니 생일이면 선물이 있어야지 한 분도 김옥금 어르신이다

다시 상평 사거리에 내려드리는데 주머니 부스럭거리더니 만원을 주신다 저녁에 맛있는 것 사 먹으란다 안 된다고 해도 어른 성의라며 기어코 받으라신다 꼬깃꼬깃 접

흰 자국이 푸르게 웃는다 눈물이 난다 영그는 가을 볕시울도 따스하다

코딱지

코가 간지러워
코를 후비다가
코딱지를 꺼내면
코가 시원하다

검지나 새끼손가락으로
꺼낸 코딱지
엄지와 맞잡고 비비면
손끝 달라붙어 옷에 문지르기도
부서지거나 동그랗게 말리기도
그 쫀득한 느낌은
어떤 장난감보다 재미있다

손끝에서 돌돌 말린 코딱지
가지고 놀다 지겨워지면
튕겨 멀리 보내거나
살짝 내려놓기도
어쩌다 놓치기라도 하면

이 빠진 빈자리
혀로 미는 허전함

코딱지
옛날에는 먹었다는데
기억은 동그랗게 말려
펴지지 않는다

겨울 빨래

앞들 논에 얼음 꽝꽝 언 날
마당을 가로 지른 빨랫줄에 옷을 널면
쩍쩍 손에 달라붙던 섬유의 촉감은
까칠한 시어머니였다
널고 얼마 지나지 않으면
아침 잠 갓 깨어난 아이처럼
선잠 취해 기지개 켜는 빨래들
며칠 햇살 받으면서
황태도 아닌데 얼고 녹기를 반복
보들보들해졌다가도
저녁 어스름 내리면
다시 팔 다리 뻗고 굳어졌다
그런 날은 엄마가
그 뻐덕뻐덕한 빨래를 걷어
안방 윗목에 줄 세워 놓기도 했는데
그 모습이 꼭 구운 국수 꼬리 같아
슬며시 눌러보곤 했다
방안 공기를 들이 마신 옷가지들이

서로의 몸에 기댄 채 노글노글해지면
저녁을 먹고 나서 탁탁 털어 개키면
엄마의 구덕구덕한 삶이
초저녁 잠 불러들인 아랫목처럼 따스해졌다

캐나다에서 온 전화

며칠 전에는
안부만 전하고 끊었다
모처럼 쉬는 토요일 오후
다시 온 전화
한 시간 이상 통화하고 끊으며
전화해줘서 고맙다 하니
언니는 가족끼리 전화가
고마울 게 뭐 있냐고
늘 고맙다 하는지 의아해 한다
전화 잘 안 하는 언니에게
자주 전화하는 동생
멀고 먼 거리 목메어
인사를 못 하겠다
쉬어, 하는 쉰 목소리
쉰 살의 나는 짧은 말에도 버벅거리며
손전화기 종료 버튼 누르고
쉼 없이 운다
눈물이 종료할 때까지

오후 두 시

손자 업은 할아버지
마당을 오가며
널어놓은 나락을 뒤집고 있다
발로 골을 타며
만들어진 골 돌아 눕히며
넘어야 할 삶
손으로도 어르고 있다

아이는 사사사삭 소리에 잠들고
바람은 나무에 달린 물기 털어내고
요모조모 얼굴 쪼이던 나락
햇살 안으로 끌어당겨
까슬까슬 바삭해지고 있다
가을도 통통 여물어가는
오후 두 시

11월 말 목욕탕

김장 했니껴
이번 주에 하니더
지난 주말 아들네 딸네 와서 했니더
시누이네 김장까지 해서 택배 보내고 나니
파김치가 되었니더
어제 김장 마치고
오늘 땀 빼러 왔니더
손주 녀석들 너무 설쳐
재롱은 예쁜데
김장할 때는 안 오는 게 낫니더
온몸이 매콤 하니더

문

늘 그곳을 통해 다니며
그 덕분인 줄 몰랐습니다

잃어버린 열쇠로
벽인 채 굳어 있는 그를 보며
필요함을 깨달았습니다

그를 열 수 있을 땐
통로를 보지 못했습니다

그를 통해
세상이 열리고 닫히는 것도
느끼지 못했습니다

그는 열리기 위해
기다리고 있습니다

제3부

고향

사랑방 책상 위
쌓여가는 청첩장

절골댁 뒷마당
슬프게 피는 살구꽃

경운기 탈탈 웃는
엽서 한 장

고향 2

할아버지 제삿날
모인 김에 염소 잡았다고
꼭 오라는 엄마 전갈
하필이면 그 사이
동네에 초상이 들어
잡은 염소 어쩌지 못해
마당에 둘러앉아 전을 펼쳤다

염소고기 살살 녹는데
마을 회관에서 울려 나오는 안내 방송
상갓집 상여꾼 명단에 아버지 이름도
이 마을 저 마을 경로잔치에
예순 넘은 어른
밥상 들고 다니는 것 예사로 보았지만
상여 매는 칠십 대까지 있다니

염소고기 몇 접시에
소주 얼큰한 아버지

의아한 내 모습에 더 놀라시며

허

허

웃기만

웃기만 하셨다

밤송이

그댄 내 가슴에
압정처럼 앉아
들먹들먹
따끔따끔
박히고 있지
집게로 빼내고
손으로 어루만지고
부푼 마음 가라앉힐수록
깊어지는 촉수
여물수록 슬픈 열매

아빠의 멀미

한 모금에도
얼굴 빨개지는 남편
승진 축하주에 송별식에
이틀 연거푸 술 마신
다음 날 아침
화장실 가다 달려온
유치원생 작은아들
엄마 큰일 났어
아빠 멀미 중이야
그래 네 아빤
기쁨 슬픔 벅차서
어른 가슴으로도
안을 수 없는 일
가끔 있지
아이는 다시 달려가
제 아빠 등 토닥거린다

밤참

겨울은 어둠이 길어
아버진 늘 밤참을 드셨고
아버지 손수 차린 유혹에
우리도 넘어가기 일쑤였는데
아침은 굶어도 저녁은 굶어도
밤참은 꼭 챙기는 버릇

김치볶음밥 두부구이
감자부침개 계란밥 군고구마
수수밥 도토리묵 백김치
메뉴는 자주 바뀌었고
어느 땐 엄마도 만들기를 거들었고
우리의 환호도 형형색색

골방 구석엔
고구마 발 푹푹 줄고
배추 무더기도 줄어들고
전기팬 사용으로

늘어나는 요금 고지서와 뱃살
가족의 행복이 겨울처럼 깊었다

해동

길이 웃고 있다
너무 웃어
눈물까지 흘리며 웃고 있다

농협 옥상 태극기
겨울과 이별의 손 흔들고
농업 경영인 박 씨 아저씨
온상 준비로 종종걸음 친다

면사무소 회계 보는
김주사 딸 세 살 혜리도
이 골목 저 골목
자박자박 걸어 다니며
웃음을 모종하고 있다

엄마와 텔레비전

일요일 진종일 텔레비전만 보는 우리에게 엄마는 말씀하셨다

너희 할배 살아계실 적 말씀이 정말 그대로 맞지 내가 멀리 간다고 해도 읍내를 벗어나지 못했을 때 할배는 서울 다녀오시면 사랑방에 식구들 불러놓고 말씀하셨단다 야들아 이제 몇 년 지나면 방안에 앉아서도 먼 데까지 볼 수 있는 세월이 온다 그런데 그 말이 꼭 맞아 호롱불에 버스도 이십 리를 걸어야 탈 수 있었고 전화라는 것도 몰랐고 문명이라야 라디오가 유일한 생활의 등불이었단다 그래서 저녁만 먹으면 너희 막내 삼촌이 연결한 스피커로 라디오를 듣기 위해 안방 사랑방에 모여 앉았지 그때 연속극이 오지게 재미있었는데

그런데 너희들 정말 텔레비전만 보고 있을 거냐 책 좀 봐라 책 좀 봐 방학을 없애든지 텔레비전을 없애든지 해야지 이 방 저 방 다니며 독장獨場이나 치고

술 취한 아빠와 딸

경아 니는 꿈이 뭐로

선생님요

아빠 꿈은 뭔지 니 아나

몰라요 뭔데요

니가 생각하기에 뭐 같노

평화통일요 맞니껴

아니다 틀렸다 내 꿈은 술 마시는 거다

아빤 좋겠어요 벌써 꿈을 이루셨잖아요

방

누가 나를 알 수 없는 곳으로 데려갔는가 무의식의 궤도를 벗어난 독방에서 가끔은 평화가 그리웠다 논둑이나 밭둑에 걸터앉아 넋 놓고 세상을 바라보는 오랫동안 나를 바라보는 평화가 그리웠다 나를 비추는 은은한 햇살 그런 햇살 한번 맘껏 받아본 적 있었던가 나는 오로지 그곳으로 걸어가기 위해 사는 것 같다 그것을 찾아 출근하고 두 아들과 웃고 떠들고 쥐어박으며 생의 그림자에 쫓겨 날아가는 자꾸만 날아가는 시간을 모으고 있다 내 안에 저장된 그 방엔 작은 창문도 있어 하늘과 구름과 별이 지친 내 몸을 어루만져 주리라 열심히 살았구나 토닥거려 주리라 생각하는 것이다

감기약 달이는 풍경

포르르 포르락 포르르륵
가마솥 보리쌀 퍼질 때
솥뚜껑 들먹이는 소리로
인삼 대추 파뿌리 상황버섯 생강
처방전 없는 약재 제조하여 달이는 주전자
목이 따끔거린다는 작은아이
목젖 훤히 보이는 듯
안개처럼 솟았다가 고개 들이밀며
금세 떨고 있는 주전자 뚜껑
물이 반의반도 달여지지 않았는데
아이는 골골거리며
주전자 근처에 얼씬거리고
아이 걱정에 졸아든 맘 바글바글
잔기침은 자꾸 내가 한다
포르르 포르락 포르르륵

라면

학원가는 아이 앉혀두고
간식으로 끓이는 떡만두라면
라면에 떡과 만두까지 넣으니
벌어진 아이 입
함박꽃이다

구로 2공단 샛골목의 맛나 분식
일터에서 몰려나온 노동자
한 무더기씩 밀려들어간다
라면 떡라면 떡만두라면
값은 오름차순

떡라면도 어쩌다 사 먹었는데
아들 떡만두라면 실컷 먹이니
엄마 출세했다 맞지
아이 웃음소리에 놀란 시계
얼른 학원 가라며 뻐꾹뻐꾹

초등 3학년

어디서 지글지글 소리 있다 지짐 부치는 냄새도 있다 친정 뒤뜰이다 동네 아주머니 모여서 멍석 깔고 앉았다 짚단이나 큰 둥치 나무에도 앉았다 뒤집어 놓은 솥뚜껑 위로 바쁘게 오가는 손 지글지글 소리가 냄새를 데리고 온다 여자 아이가 그 옆에 쪼그리고 앉았다 양지마을 아지매가 부침개 몸통을 쭈욱 찢어 입에 넣어준다 호박 꼭지를 잡아 흰 사발에 담긴 '뎀뿌라' 기름에 푹 담그더니 뒤집은 솥뚜껑 위에 빙빙 돌린다 지그르르 피비빅 맛있는 노래 한 소절 흐른다 할아버지 회갑인가보다 사람이 북적거리면 초상이든 회갑이든 잔치로 여겨지던 초등 3학년이다 된장 끓이려고 호박 썰다가 툭 잘린 꼭지가 날라다 준 추억 한 편 양념 되어 끓는다

중평리 겨울밤

아지매들 밤마실 간다
관절염으로 절룩이는 다리 끌고
굽은 허리로
겨울밤 줄이는 동전 지갑 짤랑이며
안동댁 군불 땐 방으로 들어선다

십 원 땡땡이가 붙었다
돼지 저금통 안에서 잠자던 동전
중평리에서는 왔다 갔다 춤춘다
십 원 때문에 울고 웃던 지난 시절까지
민화투 판에서 척척 계산되고 있다

오늘도 안동댁 댓돌엔
주인 기다리는 신발들
코 맞댄 이야기 끝없이 흐르고
방 안에선 십 원 땡땡이가
방구들보다 더 쩔쩔 끓고 있다

옥돌 매트

방 안에 다닥다닥 돌다리가 놓여 있다

비 내려 물 불어나면 잠겨 있다가
며칠 만에 드러나던 돌다리
손잡고 건너거나
어른 등에 업혀 왔다 갔다 했던 학교
겨울 아침엔 물안개 먹고
반들반들 얼어 철모 쓴 것 같던

외출에서 돌아오면 옥돌 위에 눕는다
온몸 전해오는 포근함
하루의 피로가 그 시절로 풀린다
오늘 밤엔
강에 빠질까 손 꼭 잡고 건너던 동무에게
따끈한 소식을 전해야겠다

제4부

그리움

순간
다가와서는
오래
머무르려 한다

오늘이
음력 칠월 초사흘인데
지난밤 꿈
첫눈 내렸다

화장

옅은 비에도
강은 화장을 한다

햇빛 마구 퍼붓는 날
초록 물 세수한 풋사과처럼
수수한 시절도 까르르 흘러갔는데
이제는 못 배기고
화장을 한다

눈길 닿는 어디에서든
지울 수 없는 세월 있다며
하늘과 땅의 묵은 수다로
굽이굽이 붉게
화장을 한다

들풀 잠 깨우는
동이 틀 때부터
어둠 한 짐 져 오는

노을 뜰 때까지
고운 얼굴로 흘러가리라

오늘도 강은
화장을 한다

가을 안마

아늑함에 접어들었다
가을 한 줄기 두드리고 가면
나락 누렇게 물들고
홍옥 빨갛게 볼 문지르고
강물은 더 청아하다

가을 손길 닿은 곳
춘곤과 여름 피로 얼씬 못하고
토닥토닥 시원시원
땀 흘린 시간 모아
열매 키운다

곱고 환해진 산과 들
잘 익은 붓질로
산수화 한 폭 한 폭
안개 속에서도
쑥쑥 뽑아낸다

갱년기

햇살의 촉수
속살까지 파헤쳐
훅 올랐다 느리게 식는다

몇 십 년 달아오른
차가운 뜨거움
서럽게 반복한다

슬픔이 컸을수록
오래 흐르는 열기
묵은 생을 갱신하는 중이다

피는 나를 의심하다

간질환 의심
신장질환 의심
피는 나를 의심하기 시작했다
생애 첫 주기 진단 통지서에도
피를 뽑고 기다리는 중에도
나는 나를 의심하지 않았는데
내 안의 피가
나를 멈춰 세운다
수십 년 부려온 몸을 돌아보라고
천천히 걸으며
쓰다듬어주라고

달기폭포에서

쌀이
미끄럼 타며 내려온다
콧물 흘리는 막내처럼
엉덩방아 찧으며
하강하는 물줄기

쌀 수입 개방 반대
집회 보고 온 길이라 그런가
외치며 눈물 흘리며
자쌀하는
저 물줄기

허기가 몰려와
쌀을 안친다
식도를 타고 흐르는
뜨거운 밥
밥이 폭포 되어 쏟아진다

먼지

어디서 왔느냐
출생을 묻지 않아도 되리

봄의 터널 떠다니다
봄을 삼켜버리는
지독한 혈투

내 안에서 왔다고
자백하지 않아도
온종일 청소기와 씨름해도
생의 봄날은 재생할 수 없으리

황토방

옛집 구들방은 자고나면 쌩쌩해져 새로 태어난 기분이었는데 새집 지으며 사라지고 말았다

겨울날, 이런 날은 군불 땐 방에서 뜨끈뜨끈 지지면 좋은데 빈터에 황토방 하나 짓지 했더니, 엄마는 배시시 웃으며 너 아부지는 짓자고 하는데 손가락 하나만 까딱하면 보일러 돌아 온 방 절절 끓어 몸 뜨신데 이 추운 날 찬바람에 떨며 귀찮게 군불을 왜 때노 하신다

황토방 꿈이 손가락 하나에 나동그라지는 순간이었다

내 님의 사랑

큰 더미로 다가오는 것 아니라
곳곳으로
조금씩 번져오는

거두어 쌓으면
백 년 때고도 남을
나뭇단 같은

단술로 끓이려면
아마도
엿기름 몇 가마 들어갈 거야

처음처럼 곧게
요란한 색깔 없이 지켜주는
소나무

삼월 오후

강둑을 걷는다 걸음마다 따라 붙는 다른 풍경 풀과 풀이 손잡으며 잎을 늘린다 냉이 무더기 푸른 주름치마 쫙 펴서 발레 하고 있다 꼬챙이 찾아 냉이잎 살짝 들고 흙 퍼내면 흰 뿌리 반갑게 웃는다 하늘도 파랗다 한 움큼 캔 냉이 들고 강둑 따라 걷다가 빈 고택 마당 들어서니 돌담 위 드러누운 햇살 어릴 적 놀던 친구다 쪽마루에 걸터앉아 냉이 옆에 앉히고 다리 까불대며 다시 돌담을 본다 건너 산을 본다 옹기종기 모여든 햇살 허벅지가 따갑다 즐거운 오후 네 시 바람이 마루에 걸터앉아 햇살 밀어낸다 냉이도 뽀얀 다리 바람에 맡기고 고들고들 기지개 켜는 삼월 오후

겨울 안개

밤새 내게 오더니
기어이 문 두드리지 못하고
지붕에 올라가
눈물만 뿌려 놓고
아침이면
저만치 가는구나

환절기

구월
엉킨 끈을 놓겠다
뜨거웠던 열정도
한 줄기 바람에
얼굴 싹 바꾼다

시월
붉어야 절규 아니다
된서리로 파랗게 질린
은행잎 절규는
푸르러서 더 붉다

십일월
목은 감싸고
맨살도 덮어야 한다
가려지지 않는 것은
촛불로 밝힌다

회귀본능

외로우면
뱃속 자세로 누워 눈 꼭 감지
찰랑거리는 양수에서 놀던 기억으로
다리 꼼지락 손 꼼지락
깊은 숨 쉬지

돌아갈 수 없는 곳

흔들리지 않으며 흐르는
깊은 강
빛이 들면 햇살도 먼지를 털며
앉을 자리 찾아
여기저기 옮겨 다니지

돌아갈 수 없는 곳

외로워지면
애벌레로 앉아 눈 꼭 감지

껍질 안에 든 현재
야금야금 갉아먹으며
먼 미래를 소환하지

첫눈

천천히 와도 좋아
기다릴 수 있어

너무 늦지는 마

내 사랑
눈덩이처럼 커질까 두려워

해설

진정성의 시학, 창틀의 미학

김신중(시인)

창세기에 보면 최초의 인간 아담이 에덴동산을 다니면서 사물의 이름을 지어주는 장면이 나온다. 사물의 특성에 따라 이름을 짓는다는 것은 단순한 행위가 아니라 매우 창조적인 행위인 것이다. 그러나 창조적인 행위 이면에는 사물 위에 존재하는 인간의 사유가 내재되어 있다. 인간의 인식에 따라서 사물의 존재 유무가 결정된다는 의미를 가지고 있다.

사물에게 사람의 자리를 내어주는 게 쉬운 일은 아니다. 세계의 중심에 사물을 두고 사람은 사물에서 멀찍이 물러

나서 사물들이 발산하는 의미들을 은근한 눈으로 바라보는 일은 쉬운 일인 것 같으나 쉽지 않다. 그만큼 사물을 소유하고 싶은 사람들의 욕심의 깊이가 큰 것이다.

시인에게 있어서는 더더욱 쉬운 일이 아니다. 시인은 사물의 이름을 부르고 싶고 새로운 의미를 부여하고 싶고 비유와 상징을 통하여 새로운 질서를 부여하고 싶으며, 사람들은 그것을 창조적인 행위라고 추켜세우기 때문이다. 사물을 객관적으로 바라보면서 사물을 사물 그 자체로 보아주면서 "산은 산이요, 물은 물이다."라고 말하는 진실성에 접근하기란 무척 어려운 것이다.

정재옥 시인은 사물을 세계의 중심에 둔다. 굳이 사물을 시인 자신에게로 끌어당겨서 새로운 옷을 입히지 않으려고 애쓴다. 다르게 말하면 사물 그 자체를 존중해 주면서 스스로의 의미를 가지고 이 땅 위에 떳떳하게 설 수 있도록 객관적인 거리를 유지해 나가면서 그것들을 애틋하게 바라보는 사랑을 간직하고 있다.

손자 업은 할아버지
마당을 오가며
널어놓은 나락을 뒤집고 있다
발로 골을 타며
만들어진 골 돌아 눕히며

넘어야 할 삶
손으로도 어르고 있다

아이는 사사사삭 소리에 잠들고
바람은 나무에 달린 물기 털어내고
요모조모 얼굴 쪼이던 나락
햇살 안으로 끌어당겨
까슬까슬 바삭해지고 있다
가을도 통통 여물어가는
오후 두 시

—「오후 두 시」 전문

가을 날 오후에 손자를 업고 나락 골을 타는 할아버지의 모습을 그려 놓았다. 한 폭의 아름다운 풍경화다. 이 시가 정물화나 풍경화와 다른 점은 정물이나 풍경을 그대로 그리지 않았다는 것이다. 시인의 눈에 포착된 가장 중심된 이미지만을 집약적으로 묘사했다는 차이점이 있다. 시에 등장하는 사람이나 사물은 존재하는 세계 속에서 나름의 의미를 가지고 자기만의 자리를 차지하고 있다. 사람이든 사물이든 존재의 의미를 외치지 않고 조용하게 머물러 있어도 아이와 햇살과 나락이 가을 속에서 빛나는 의미를 띠게 되는 것이다.

비유는 사물의 옷이다. 의미는 매우 건조하고 추상적인데 비해서 비유는 살아 생동감 있는 이미지를 만들어 낸다. 시인은 세계의 중심에 사물을 놓고 아름다운 비유의 옷을 입힘으로써 전자의 시보다 더욱 심화된 세계를 그려내고 있다. 다시 말하면 세계를 바라보는 시인의 눈이 더욱 풍성해지면서 사물들이 더욱 생명력 있는 이미지로 서로 연결되어 새로운 시의 풍경을 만들어 낸다.

> 강둑을 걷는다 걸음마다 따라 붙는 다른 풍경 풀과 풀이 손잡으며 잎을 늘린다 냉이 무더기 푸른 주름치마 쫙 펴서 발레하고 있다 꼬챙이 찾아 냉이잎 살짝 들고 흙 퍼내면 흰 뿌리 반갑게 웃는다 하늘도 파랗다 한 움큼 캔 냉이 들고 강둑 따라 걷다가 빈 고택 마당 들어서니 돌담 위 드러누운 햇살 어릴 적 놀던 친구다 쪽마루에 걸터앉아 냉이 옆에 앉히고 다리 까불거리며 다시 돌담을 본다 건너 산을 본다 옹기종기 모여든 햇살 허벅지가 따갑다 즐거운 오후 네 시 바람이 마루에 걸터앉아 햇살 밀어낸다 냉이도 뽀얀 다리 바람에 맡기고 고들고들 기지개 켜는 삼월 오후
>
> —「삼월 오후」 전문

삼월 오후의 모습을 이렇게 아름답고 따듯하게 그릴 수 있을까? 삼월이 되어 생명 있는 모든 것이 기지개를 켜고

일어나는 풍경을 그리고 있는데 여기에다가 비유의 옷을 입히니 삼월이 생명력으로 더욱 가득하다. 시가 일상을 뛰어넘어 창조적이라는 것은 사물을 따뜻하게 바라보면서 사물을 차가운 어둠 속에서 끌어낼 때 쓰는 말이다. 바로 이러한 의미에서 우리는 정재옥 시인의 시에서 감동을 받는다.

시집 전체에서 정재옥 시인의 의식 구조를 잘 보여주는 시를 고르라면 「방」을 추천하고 싶다. 시인은 '논둑이나 밭둑에 걸터앉아 넋 놓고 세상을 바라보고 나를 바라보는 평화' 를 가지고 싶어 한다. '나를 비추는 은은한 햇살' 과 햇살로 인해 드러나는 세상을 있는 그대로 바라보는 것을 바라보면서 '날아가는 시간' 을 저장하면서 모으게 되는데 그것이 방이요, 시가 되는 것이다. 그리고 그 사물을 저장한 시의 방에는 창문이 있어 그 창문으로 또 새로운 하늘과 구름과 별을 새롭게 맞이하게 되는 것이다.

누가 나를 알 수 없는 곳으로 데려갔는가 무의식의 궤도를 벗어난 독방에서 가끔은 평화가 그리웠다 논둑이나 밭둑에 걸터앉아 넋 놓고 세상을 바라보는 오랫동안 나를 바라보는 평화가 그리웠다 나를 비추는 은은한 햇살 그런 햇살 한번 맘껏 받아본 적 있었던가 나는 오로지 그곳으로 걸어가기 위해 사는 것 같다 그것을 찾아 출근하고 두 아들과 웃고 떠들고 쥐어박으며 생의 그림자에 쫓겨 날아가는 자꾸만 날아가는 시간을 모으고 있다 내 안에 저장된 그 방엔 작은 창문도 있어 하늘과 구름과 별이 지친 내 몸을 어루만져 주리라 열심히 살았구나 토닥거려 주리라 생각하는 것이다

—「방」 전문

사물을 세계의 중심에 두고 있는 그대로를 보면서 존재의 의미를 탐색해 온 것이 지금까지의 시 모음이라면 시인 자신도 모르게 생겨난 문틀과 그 문을 통해서 보는 세계가 시인에게 새로운 과제로 다가오게 된 것이다. 시인에게 '문' 은 '관점' 이나 '시각' 이다.「문」에서 노래한 것처럼 처음에는 '문' 으로 사물을 보지 않고 눈으로 사물을 보았다. 시인의 독특한 틀로 사물이나 사람 사는 세상을 보기보다는 있는 그대로를 믿고 있는 그대로 보면서 진정성 있게 다가갔으며 "문을 통해/ 세상이 열리고 닫히는 것도/ 느끼지 못했습니다."(「문」)라고 고백한다.

언어학자 조지 레이코프는 프레임을 '특정한 언어와 연결되어 연상되는 사고의 체계' 라고 정의하면서 프레임은 우리가 사용하는 모든 언어에 연결되어 존재하는 것으로, 우리가 듣고 말하고 생각할 때 우리 머릿속에는 늘 프레임이 작동한다고 하였다. 또한 칸트는 인식의 틀로서의 폼(form)을 설명하면서 인식의 틀이란 사람이 외부로부터

무엇인가를 경험할 때 감각을 통해 지각을 하게 되고 지각을 인식하게 되는데 누구든지 인식의 틀을 통해서 인식하게 된다는 것이다.

> 중앙선 없는 비포장 길 가장자리에 두 다리 뻗고 앉아 민들레 한 주먹 쥐고 불어본다 힘껏 날아오른다 씨앗 떨구려 해도 마냥 날아오를 뿐 아픔의 열매들 쉬이 떨어지지 않는다 후우후우 노란 물들인 머리 하얗게 세도록 떠다니지만 기다림만 깊어질 뿐 동동 떠가기만 하여 외로운 시작, 그때 몸살 난 마음 한 구석 틀이 생겼다 구속이기는 해도 가둘 수도 갇힐 수도 있는 즐거운 문틀
>
> —「틀 속에는 문이 있다」 전문

우리가 아무리 현상을 있는 그대로 보려고 노력을 해도 결국은 시인에게는 세계를 바라보는 문이나 창문이 생기고 자신의 고유한 틀이 생긴다. 대부분의 시인들은 자신만의 틀에 대하여 만족하면서 사물과 현실을 그 틀에 맞추어 구조화 하며 해석해 낸다. 우리들은 자신만의 프레임이나 인식의 틀로 세상을 바라보는 것을 창조적이고 개성적이라고 추켜세운다. 그런데 정재옥 시인은 자신의 틀로 바라보는 세상에 대하여 너무나 조심스러워서 '몸살 난 마음'의 병이 들었다. 왜냐하면 사물을 그대로 두면 너무나 자

유로울 텐데 인식의 틀에 사물을 가두거나 그것으로 인해서 우리의 인식의 자유로움이 갇힐 수도 있다는 사실을 알고 있기 때문이다.

여기에서 조심스럽게 시인의 모습을 읽어낼 수 있다. 정재옥 시인은 진정으로 사물을 사랑하는 시인이다. 사물을 세계의 중심에 놓는 것도 모자라서 사람들이 자신의 생각과 틀에 의해서 마음대로 해석하는 것을 용인할 수가 없다. 이러한 마음을 가진 시인을 '진정성을 가진 시인' 이라고 말해도 별로 틀리지는 않을 것이다.

날고 싶다

날아가서
멀어지고 싶다

날아가서
가까워지고 싶다

—「비행기」 전문

낮에는
꼬집어도
눈 뜨지 않는 꽃

밤에는
깨물어도
눈 감지 않는 꽃

—「달맞이꽃」 전문

자신의 틀을 고집하지 않고 인식의 틀에서 자유로울 때 가끔은 기발하고 재미있는 작품을 쓸 수 있다. 「비행기」와 「달맞이꽃」에서 형상화 된 시적 발상과 상상력은 고정된 틀에서는 나올 수가 없다. 우리는 살아가면서 멀어지고 싶은 것도 있고 가깝게 다가가고 싶은 것도 있다. 우리들의 복잡한 심정을 단 몇 줄의 역설적 표현을 통해서 써내려가는 것은 쉬운 일은 아니다. 고정된 인식의 틀, 편견과 선입견으로 단단하게 형성된 틀을 거부하고 몸살을 앓을 때만이 나올 수 있는 그런 표현이다. 「달맞이꽃」에서도 마찬가지다. 보통 사람들은 낮에는 눈을 뜨고 밤에는 눈을 감지만 달맞이꽃은 역설적으로 낮에는 눈을 감고 밤에는 눈을 뜬다. 사물을 보면서 이렇게 역설적인 상상력으로 사유할 수 있다는 것은 인식의 틀이 자유로울 때만이 가능한 것이다.

정재옥 시인의 시를 읽으면 왠지 가슴이 따듯해지는 것을 느낀다. 처음 보는 시임에도 오래전부터 알고 있었던 것도 같은 느낌을 받는다. 그것은 시집을 관통하고 있는 서정이 우리 한국 사람들 깊숙한 곳에 자리하고 있는 서정이기 때문이다. 뿐만 아니라 시에 등장하는 인물들이 뭔가 특별한 사람들이 아니라 필부필부(匹夫匹婦)들이기 때문에 더욱 친밀감을 느끼게 된다.

친정어머니가
보내온 가을
뚝 잘라 삶는다

금빛 뿜으며 익어가는 시래기
엄마 향내 가을 이야기
집안 구석구석 나르고 있다

물컹하게 마음 던진 시래기
감자탕과 가족 되려고
단장하는 중이다

고등학교 3학년 유학 중인 아들
주말이라 집에 오며 주문한
시래기 감자탕

어머니 사랑 아들 사랑
시래기 한 타래에 실려
구수하게 익는다

— 「가을 시래기」 전문

'시래기' 를 매개로 3대의 사랑이 어우러진다. 여기에다가 시래기 특유의 토속적인 서정이 더해진다. 배경은 '친정어머니가 보내온 가을' 이다. 상황의 상징성을 상상해보면 따듯함이 '엄마 향내' 가 전해지듯이 다가온다. 이러한 상황은 우리나라 사람들에게는 특별하지 않다. 가장 보편적인 것이기에 가장 한국적이며 그래서 우리는 오래전부터 봐온 장면이며, 맡아온 향기이며, 고개가 끄덕여지는 상황인 것이다.

아지매들 밤 마실 간다.
관절염으로 절룩이는 다리 끌고
굽은 허리로
겨울밤 줄이는 동전 지갑 짤랑이며
안동댁 군불 땐 방으로 들어선다

십 원 땡땡이가 붙었다.
돼지 저금통 안에서 잠자던 동전

중평리에서는 왔다 갔다 춤춘다
십 원 때문에 울고 웃던 지난 시절까지
민화투 판에서 척척 계산되고 있다

오늘도 안동댁 댓돌엔
주인 기다리는 신발들
코 맞댄 이야기 끝없이 흐르고
방 안에선 십 원 땡땡이가
방구들보다 더 쩔쩔 끓고 있다

—「중평리 겨울밤」 전문

정재옥 시인의 시에는 중평리 사람들처럼 평범한 사람들이 많이 등장한다. 시골 생활에서 농사 일로 골병이 들어 관절염을 앓는다. 돈이 웬수인 금자와 남편이 웬수인 유순이, 사랑이 웬수인 연미가 나온다(「바다로」). 손수레에 쇠비름을 가득 싣고 오다가 쏟아버린 뒷집 팔순 할매(「빈 수레」), 청송 장날에 시내버스를 타고 저리고 아픈 다리를 끌고 병원을 가는 어르신들(「의료원 가는 사람들」)이 주인공으로 등장한다. 경로당에서 한글을 배우는 김옥금 할머니(「김옥금 할머니」), 특히 당리 장날에 이마에 파스를 붙이고 쑥부쟁이꽃 한 아름을 안고 들어오는 아지매의 모습은 인정 많은 필부필부(匹夫匹婦)의 절정이라고 할 수 있다.

「겨울 빨래」는 사물을 대하는 시인의 고민과 인식을 잘 보여주는 작품이다. 겨울 빨래는 우리가 늘 가까이에서 보는 일상적인 사물이다. 뻐덕뻐덕하게 얼어 있다가 녹기를 반복하면서 조금씩 말라가는 겨울 빨래의 모습에다가 어머니의 삶을 오버랩 시키고 있는 작품이다.

앞들 논에 얼음 꽁꽁 언 날
마당을 가로 지른 빨랫줄에 옷을 널면
쩍쩍 손에 달라붙던 섬유의 촉감은
까칠한 시어머니였다
널고 얼마 지나지 않으면
아침 잠 갓 깨어난 아이처럼
선잠 취해 기지개 켜는 빨래들
며칠 햇살 받으면서
황태도 아닌데 얼고 녹기를 반복
보들보들해졌다가도
저녁 어스름 내리면
다시 팔 다리 뻗고 굳어졌다
그런 날은 엄마가
그 뻐덕뻐덕한 빨래를 걷어
안방 윗목에 줄 세워 놓기도 했는데

그 모습이 꼭 구운 국수꼬리 같아
슬며시 눌러보곤 했다
방안 공기를 들이 마신 옷가지들이
서로의 몸에 기댄 채 노글노글해지면
저녁을 먹고 나서 탁탁 털어 개키면
엄마의 구덕구덕한 삶이
초저녁 잠 불러들인 아랫목처럼 따스해졌다

—「겨울 빨래」 전문

시인은 세계의 중심에 겨울 빨래를 놓고 거리를 두고 객관적으로 바라보다가 어느덧 자신의 창틀을 통해서 겨울 빨래를 인식하면서 비유의 옷을 입히고 있다. 가장 일상적이었던 것이 비유의 옷을 입고 새롭게 탄생하다가 어느덧 어머니의 삶 속에 들어온다. 겨울 빨래 특유의 차갑고 날카로운 이미지가 얼고 녹는 것을 반복하다가 급기야는 어머니를 만나서 따듯하고 아름다운 이미지로 변형이 됨을 알 수 있다. 「겨울 빨래」는 시인이 지향하는 시적 발상을 가장 잘 보여주는 작품이라고 하겠다.

생활 모습을 노래한다는 것은 매우 위험한 일이다. 왜냐하면 생활 자체가 매우 일상적이며 상투적이기 때문에 시 또한 일상적이거나 상투적일 가능성이 있는 것이다. 그러나 「겨울 빨래」는 우리들의 삶의 주변이나 일상생활을 그리고 있기는 하지만 상투적이라는 생각이 들지는 않는다. 그것은 바로 일상을 바라보는 새로운 관점이나 따뜻한 눈길에서 기인하는 것이라고 할 수 있다.

앞으로 정재옥 시인은 사물에 대한 깊은 사랑이나 일상적 존재에 대한 의미 있는 눈길을 보내는 데에 더하여 더 깊은 사유가 더해지리라고 생각한다. 사람들과 사물을 대하는 따듯한 진정성은 더욱 깊은 울림이 되어 독자들의 마음을 움직이며, 고정된 인식의 틀을 뛰어넘어 더 자유로운 인식으로 세계를 천착해 내는 깊이가 더하기를 기대한다. 그래서 겨울과 같은 냉혹한 이 시대에 어머니와 같은 따듯한 상징의 숲을 만들어 세상의 한 부분을 밝히고자 애쓰는 시인에게 마음의 박수를 보낸다.